Stimmungsvolle Lampen

aus Naturpapier und Strohseide spenden nicht nur Licht, sondern schaffen vor allem eine ganz besondere Atmosphäre. Sie sind originell und verschönern jeden Raum. In diesem Buch zeige ich Ihnen, wie man mit Naturpapier, Strohseide, Windradfolie und Vogelgitterdraht Stehlampen, Decken- und Wandleuchten sowie Lichterketten anfertigt.

Farbig und peppig, edel und elegant, mit Perlen, Sonnenblumen oder Muscheln verziert, mal ganz schlicht und mal verspielt: Die Möglichkeiten sind unendlich groß und auch für jede Jahreszeit findet sich etwas Passendes. Sie werden sehen: Schon bei der ersten Lampe werden Sie eigene Ideen entwickeln.

Ich wünsche Ihnen viel Spaß beim Basteln!

Ihre Antje Serke

Die Motive lassen sich in folgende Schwierigkeitsgrade unterteilen:

● ○ ○ einfach ● ● ○ etwas schwieriger ● ● ● anspruchsvoll

GRUNDAUSSTATTUNG

Folgende Materialien und Werkzeuge werden oft benötigt. Weitere Materialien werden in den einzelnen Materiallisten aufgeführt.

- Strohseide, 50 cm x 70 cm oder 70 cm x 1,5 m (Rolle)
- Windradfolie, 0,2 mm und 0,4 mm stark
- Lampenschirmfolie in Weiß durchscheinend und Transparent, 0,4 mm stark
- Vogelgitterdraht
- matter Serviettenkleber
- Sprühkleber
- Sekundenkleber
- Lichterketten
- Aludraht
- Drahtband
- Vliesband
- Bast, Kordel
- Transparentpapier
- Tonkarton
- Seitenschneider
- Schere
- Heißklebepistole
- Lochzange
- Bohrmaschine
- Klemmen / Leimzwingen
- Lineal
- weicher Bleistift
- dünner, wasserfester Stift, Folienstift
- Fächerpinsel
- große, stumpfe Nadel (Stopfnadel)
- spitze Nadel

So wird's gemacht

Es gibt zwei Möglichkeiten, die Strohseide auf die Windradfolie zu kleben. Hier werden beide Techniken erklärt. In der Materialliste ist jeweils der optimale Kleber aufgeführt. Mit Serviettenkleber erhält man einen leicht durchscheinenden Effekt. Helle Strohseide wird mit Sprühkleber geklebt, da sie sonst zu transparent wird und das Gitter zu stark durchscheint. Naturpapiere und stärkere Papiere werden mit Sprühkleber beklebt, da sie sich zu stark wellen, wenn sie feucht werden. Die Folien für die Lichterketten werden alle mit Serviettenkleber beklebt.

Anfertigen der Schablonen

Das gewünschte Motiv mit Transparentpapier vom Vorlagenbogen abpausen. Das Transparentpapier auf einen festeren Karton legen und die Konturen mit einem Kugelschreiber nachziehen. Den Karton ausschneiden.

Bekleben mit Serviettenkleber

Die Folie auf das angegebene Maß zuschneiden. Den Serviettenkleber gleichmäßig mit dem Fächerpinsel auf die Windradfolie oder Lampenschirmfolie auftragen. Sind Strohseide und Folie von gleichem Format, die Strohseide an den beiden oberen Ecken bündig ansetzen und an die Folie angepasst langsam nach unten auflegen und andrücken. Strohseide von der Rolle grob zurechtschneiden, aufkleben, trocknen lassen und die überstehenden Reste abschneiden. Unebenheiten, Wellen und Lufteinschlüsse sehr vorsichtig mit der flachen Hand von der Mitte ausgehend nach außen und zu den Ecken hin glatt streichen. Hierbei ganz sanft vorgehen, da die nasse Strohseide sehr leicht aufreißt oder sich verschiebt. Die Strohseide antrocknen lassen.
Auf die aufgeklebte Strohseide mit dem Fächerpinsel Serviettenkleber auftragen und erneut trocknen lassen.
Die Schablone auf die beklebte und getrocknete Folie legen, mit einem dünnen Stift die Umrisse nachziehen und ausschneiden. Bei viereckigen Lampen mit einem Lineal die Maße auf der Rückseite mit einem dünnen Stift markieren und ausschneiden.

Bekleben mit Sprühkleber

Die Windradfolie gleichmäßig mit Sprühkleber einsprühen. Die Strohseide an den beiden oberen Ecken bündig ansetzen und an die Folie angepasst langsam nach unten auflegen und andrücken. Strohseide von der Rolle vorher grob zurechtschneiden. Nach dem Trocknen die überstehenden Reste abschneiden.

Serviettentechnik

Die gewünschten Motive aus der Serviette ausschneiden und die unbedruckten Schichten abtrennen. Etwas Serviettenkleber dünn auf die zu beklebende Stelle streichen, dann die bedruckte Serviettenschicht glatt auf die Strohseide legen und mit Serviettenkleber bestreichen.

Tipp: Bei hellen Papieren einen weichen Bleistift verwenden, da er sich später besser wegradieren lässt.

Tipp: Die Folie in einen passenden Karton legen, dann verteilt der Kleber sich nicht zu sehr auf der Arbeitsfläche. Falten lassen sich gut korrigieren, indem man die Strohseide wieder vorsichtig abzieht und gleich wieder andrückt.

Tipp: Den Sprühkleber auf den Kopf stellen und solange sprühen bis nur noch Treibgas entweicht, damit die Düse nicht verklebt.

Anpassen des Gitterdrahtes

1 Den Gitterdraht mit einem Seitenschneider zuschneiden. Den Gitterdrahtzuschnitt zwischen die beiden unbeklebten Flächen der Folie legen, unten und an einer Seite bündig mit Klemmen fixieren.

2 Mit einer Lochzange durch jedes zweite Feld des Gitters ein Loch durch die beklebten Folien stanzen. Nun das Gitter auf der anderen Seite festklemmen und in gleichem Abstand lochen. Die Seite mit der jeweiligen Bindetechnik festbinden.

3 Die beiden Folien nach außen wölben, bis das Gitter auf der anderen Seite mit den beklebten Folien bündig ist und dann mit den Klemmen fixieren. Die andere Seite festbinden. Die Lämpchen der Lichterkette gleichmäßig in der Lampe verteilt am Drahtgitter befestigen.

Tipp: **Falls die beklebte Folie aufgrund der Lampenform größer ist als das Gitter, im gleichen Abstand wie vorher weiterlochen. Dabei können Sie ein Stück Gitterdraht als Lochschablone verwenden. Beim Gitterdraht kommt es nicht auf den Millimeter an, es ist wichtig, ganze Vierecke abzuschneiden, damit die Befestigung besser hält und keine Metallstücke überstehen.**

Bindetechniken

Bei allen Techniken von unten nach oben arbeiten. Jeweils am Anfang und am Ende das Band oder die Kordel festknoten, bzw. das Drahtende durch die erste Schlaufe ziehen.

A Den Faden von hinten nach vorne durch die Löcher führen, siehe Hängelampe Seite 7.

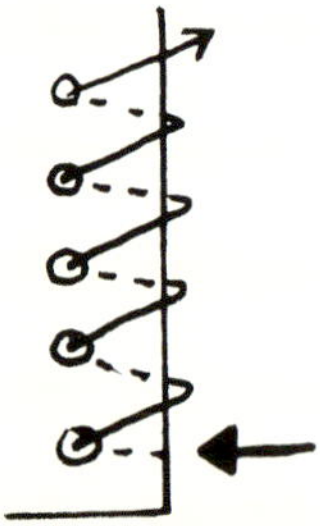

B Erst Bindetechnik A anwenden, dann von oben nach unten wieder auf der gleichen Seite zurück, siehe Titelseite.

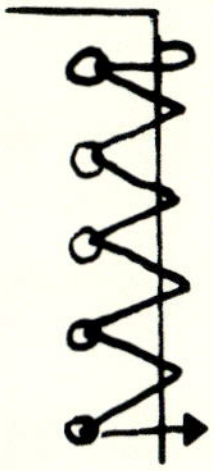

C Den Faden von hinten nach vorne durch das Loch führen und dann von vorne nach hinten durch das nächste, siehe Stehlampe auf Seite 7.

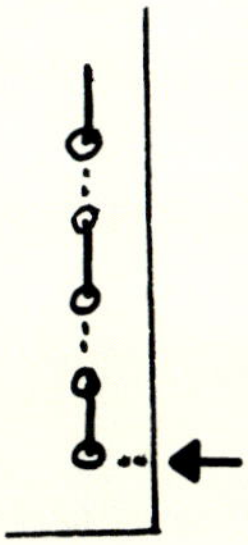

Lichterketten

Die Strohseide mit Serviettenkleber auf die Windradfolie kleben und trocknen lassen. Die Schablone anfertigen und auf der Rückseite der Folie mit Bleistift aufmalen und ausschneiden. Die Schirmchen um die Lampen der Lichterkette drehen und mit Sekundenkleber fixieren.

Tipp: **Verwenden Sie kleine Klemmen, dann können Sie zügiger arbeiten.**

Tipps und Tricks

- Beim Binden darauf achten, dass oben und unten noch Draht übrig ist, um Schnecken oder Spiralen zu drehen.
- Bei der Kordel einfach Klebefilm um das Ende kleben und etwas schräg abschneiden, dann passt sie besser durch die Löcher. Eine Stopfnadel (große stumpfe Nadel) eignet sich gut zum Fädeln.
- Für einen einfachen Stromanschluss der Wandlampen eignen sich fertige Kabel mit einem Schnurschalter.
- Zum Lochen die geklammerte Lampe am besten gegen das Licht halten, dann scheinen auch bei dunklem Papier die Gitterfelder durch.

Sicherheitshinweise

- Lassen Sie die Lampen, Lichterketten und Teelichter nie unbeaufsichtigt brennen, da Papier sich leicht entzündet, beispielsweise im Falle eines Kurzschlusses.
- Beim Anbringen der Hänge- und Deckenlampen immer die Sicherung ausschalten; diese Arbeiten dürfen nur von einem Elektriker ausgeführt werden. An den Stehlampen und Lichterketten immer den Stecker aus der Steckdose ziehen, wenn Sie daran etwas ändern.
- Achten Sie darauf, dass keine leitenden Materialien, beispielsweise Draht, mit Lampenfassungen Kontakt haben!
- Verwenden Sie bei Lampen mit Lampenfassungen nur Glühbirnen mit 15 W bis 25 W. Die werden weniger heiß als stärkere Birnen und das Papier wird nicht braun. Noch sicherer, aber auch teurer, sind Energiesparlampen und LED-Lampen, da sie weniger Wärme entwickeln.
- Die Modelle sind nur für trockene Innenräume geeignet, draußen und in feuchten Räumen riskieren Sie einen Stromschlag oder einen Kurzschluss.
- Lassen Sie sich beim Einkauf vom Elektrofachhändler beraten und nehmen Sie, wenn Sie nicht ganz sicher sind, fachkundige Hilfe in Anspruch.

Blaue Lampenträume

→ für orientalisches Flair

MOTIVHÖHEN
Hängelampe 35 cm
Stehlampe 45 cm

MATERIAL HÄNGELAMPE MIT QUASTEN

- Windradfolie, 50 cm x 70 cm, 0,4 mm stark
- Strohseide in Blau, 50 cm x 70 cm
- Gitterdraht, 24 cm x 8,5 cm
- Serviettenkleber
- Aludraht in Blau, ø 1,5 mm, 2 m lang
- 4 Quasten in Blau, 10 cm lang
- Leuchtenpendel mit Lampenfassung E 14 in Transparent
- Bindedraht, ø 1 mm

VORLAGENBOGEN 1A

LAMPE MIT SILBERSONNEN

- Windradfolie, 50 cm x 70 cm, 0,4 mm stark
- Strohseide in Blau mit Sonnen, 50 cm x 70 cm
- Gitterdraht, 21 cm x 43 cm
- Aludraht, ø 2 mm, 2,4 m lang
- 10er Lichterkette

Hängelampe mit Quasten

1 Die Windradfolie mit Strohseide bekleben und trocknen lassen. Vier gleiche Teile, 25 cm x 20 cm, zuschneiden.

2 Da bei dieser Lampe das Gitter diagonal eingebaut wird, werden hier zuerst alle Teile gelocht. Dabei darauf achten, dass die richtigen Teile aufeinander liegen.

3 Zwei Seiten mit den Innenseiten aufeinanderliegend, das Drahtgitter bündig mit der Oberkante dazwischen, in Bindetechnik A mit Aludraht verbinden. Die beiden anderen Teile an der gegenüberliegenden Seite des Gitterdrahtes zusammenbinden. Die noch offenen Seiten ebenfalls mit Bindetechnik A verbinden.

4 Die Quasten unten einhängen und die Enden zu Schnecken drehen. Ein Leuchtenpendel einhängen und mit Bindedraht befestigen.

Lampe mit Silbersonnen

1 Die Windradfolie mit Strohseide bekleben. Zwei 25 cm x 45 cm große Teile zuschneiden, dabei darauf achten, dass die Sonnen nicht durchschnitten werden.

2 Die Teile in Bindetechnik C fertigstellen. Die Enden des Drahtes über einen Stift zu Spiralen drehen. Die Lichterkette einbauen.

Edle Lampen

→ mit Gold und Rosen

MOTIV-HÖHEN
Rosenlampe
50 cm

Lampe mit Kupferstern
30 cm

MATERIAL ROSEN-LAMPE
- Windradfolie, 50 cm x 70 cm, 0,4 mm stark
- Vliesband in Braun-Glitter, 25 cm breit, 1 m lang
- Gitterdraht, 21 cm x 35 cm
- Sprühkleber
- Aludraht in Gold, ø 1,5 mm, 2,4 m lang
- Stoffrose mit Glitter und Perlen
- 10er Lichterkette

VORLAGEN-BOGEN 1A

LAMPE MIT KUPFER-STERN
- Windradfolie, 50 cm x 70 cm, 0,4 mm stark
- Gitterdraht, 21 cm x 20 cm
- Vliesband in Olivgrün, 25 cm breit, 70 cm lang
- Sprühkleber
- Kupferdraht, ø 1,5 mm, 1,2 m lang
- Dekostern aus Perlen, ø 5 cm, 25 cm lang (Perlenschweif)
- 10er Lichterkette

VORLAGEN-BOGEN 4B

Rosenlampe

1 Die Folie zweimal auf das Maß 25 cm x 50 cm zurechtschneiden und bekleben. Mithilfe der Schablone ausschneiden und fertigstellen.

2 Beim Lochen von unten anfangen, die ersten vier Löcher in jedes zweite Feld des Drahtgitters, dann in die beiden folgenden stanzen. Dies noch zweimal wiederholen und oben noch einmal jedes zweite Feld lochen.

3 Die großen Abstände mit Bindetechnik C und die kleinen Abstände mit Bindetechnik A binden. Die Drahtenden zu Schnecken drehen.

4 Die Lichterkette in den Gitterdraht einbauen.

Lampe mit Kupferstern

1 Die Folie auf das Maß 25 cm x 70 cm zurechtschneiden und bekleben. Mithilfe der Schablone ausschneiden und fertig stellen.

2 Mit dem Kupferdraht nach Bindetechnik A binden und das Ende an der hohen Seite zu Spiralen drehen. Eine zweite Spirale drehen und an der gleichen Stelle befestigen. Den Stern anhängen.

3 Die Lichterkette in den Gitterdraht einbauen.

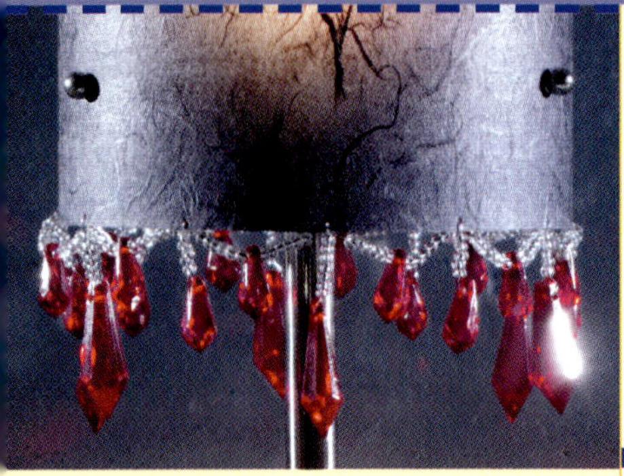

Lampen mit Perlenschmuck

→ in edlem Grau

MOTIV-HÖHEN
Tischlampe 38 cm
Wandlampe 42 cm

MATERIAL TISCH-LAMPE
- Windradfolie, 45 cm x 20 cm, 0,4 mm stark
- Strohseide in Dunkelgrau, 45 cm x 20 cm
- Servietten-kleber
- Rocailles in Transparent, ø 3 mm
- Acrylkristalltropfen in Rot, 3 x 3,5 cm, 3 x 2,5 cm, 18 x 1,7 cm lang
- dünner Draht in Silber, ø 0,3 mm
- Tischlampe in Silber mit Fassung, ø 15 cm, 20 cm hoch

WAND-LAMPE
- Windradfolie, 35 cm x 45 cm, 0,4 mm stark
- Strohseide in Dunkelgrau, 35 cm x 45 cm
- Servietten-kleber
- Rocailles in Transparent, ø 3 mm
- Acrylkristall-tropfen in Rot, 3 x 3,5 cm, 2 x 2,5 cm, 6 x 1,7 cm lang
- dünner Draht in Silber, ø 0,3 mm
- Lampenfassung E14 mit Winkel für Wandbefestigung
- Schnurschalter
- passende Schrauben, Dübel
- Aludraht, ø 1,5 mm, 5 cm lang

VOR-LAGEN-BOGEN 1B

Tischlampe

1 Die Windradfolie mit Strohseide bekleben. Drei Löcher nach Vorlage anbringen.

2 Die Löcher für die Perlen nach Vorlage mit einer Nadel vorstechen. Zuerst die langen Gehänge anfertigen. Die Acrylkristalltropfen mittig auf ein Stück Draht fädeln. Bei den 3,5 cm langen Tropfen 5 Rocailles, bei den 2,5 cm langen 7 Rocailles und bei den 1,7 cm langen 5 Rocailles auf beide Drähte fädeln. Ein Drahtende bis zu den Perlen durch das vorgesehene Loch (siehe Vorlage) ziehen und auf der Innenseite mit dem anderen Drahtende verdrehen. Zu lange Drahtenden mit dem Seitenschneider kürzen.

3 Nun ein längeres Stück Draht am ersten Loch befestigen und 5 Rocailles, 1 Acrylkristalltropfen, 5 Rocailles auffädeln und den Draht durch das erste Gehänge ziehen, usw. Am Ende den Draht durch das letzte Loch ziehen, verdrehen und evtl. mit Sekundenkleber fixieren. Den Schirm auf der Tischlampe befestigen und mit Sekundenkleber zusammenkleben.

Wandlampe

1 Die Windradfolie mit der grauen Strohseide bekleben und die Form nach Vorlage ausschneiden.

2 Die Löcher für die Perlen mit der Nadel nach Vorlage stechen. Zuerst die langen Gehänge anfertigen. Einen Acrylkristalltropfen (Größe nach Vorlage) mittig auf ein Stück Draht auffädeln, nun 25 transparente

WEITERFÜHRUNG

Lampen mit Perlenschmuck

Rocailles auf beide Drähte auffädeln. Ein Drahtende bis zu den Perlen durch das vorgesehene Loch ziehen und auf der Innenseite mit dem anderen Drahtende verdrehen. Zu lange Drahtenden mit dem Seitenschneider kürzen.

3 Ein längeres Stück Draht am ersten Loch befestigen und 10 Rocailles, 1 Acrylkristalltropfen (1,7 cm lang), 10 Rocailles auffädeln, dann den Draht durch das erste Gehänge ziehen, usw. Am Ende den Draht durch das letzte Loch ziehen, verdrehen und evtl. mit Sekundenkleber fixieren.

4 Die Lampe und die Winkelhaken an der Wand anbringen. Das Kabel vorher durch die Spitze der Lampe ziehen. Aus Aludraht nach Vorlage eine Schlaufe biegen und an der Lampe befestigen. Die Schlaufe in den Winkelhaken einhängen.

Mond mit Sternen

→ ein schönes Einschlaflicht

1 Die Strohseide vorsichtig von innen nach außen auf die selbstklebende Seite der Lampenschirmfolie kleben. Auf der Rückseite die Wolke nach Vorlage aufmalen und ausschneiden. Die Löcher laut Vorlage lochen. Den Mond und die Sterne nach Grundanleitung mit Serviettenkleber anfertigen und gemäß Vorlage lochen.

2 Den Gitterdraht zuschneiden. Den Mond mit Aludraht an dem Gitterdraht befestigen. Die Wolke in Bindetechnik C zusammenbinden. Die Enden zu einer Schnecke drehen. Drei Spiralen in verschiedenen Längen drehen, die Sterne darin einhängen und an der Wolke befestigen.

3 Die Lampenfassung und die Winkelhaken an der Wand anbringen. Das Motiv mit dem Gitterdraht in die Winkelhaken einhängen.

Tipp: **Hängen Sie diese Lampe außer Reichweite von Kindern auf!**

MOTIVHÖHE
82 cm

MATERIAL

- selbstklebende Lampenschirmfolie in Weiß, 45 cm x 45 cm, 0,3 mm stark
- Windradfolie, 45 cm x 35 cm, 0,4 mm stark
- Strohseide in Weiß, 45 cm x 45 cm, und Gelb, 45 cm x 35 cm
- Gitterdraht, 30 cm x 8 cm
- Serviettenkleber
- Aludraht in Silber, ø 2 mm, 2 m lang
- Lampenfassung E14 mit Winkel für Wandbefestigung
- Befestigungsmaterial (Schrauben, Dübel, Winkelhaken mit Schlitz)
- Kabel mit Schnurschalter

VORLAGENBOGEN 2A

Liebevoll beleuchtet

→ eine schöne Geschenkidee

MOTIV-HÖHEN
Wandlampe
50 cm

Tischlampe
45 cm

MATERIAL WANDLAMPE
- Lampenschirmfolie, 40 cm x 35 cm, 0,4 mm stark
- Strohseide in Rot, 40 cm x 35 cm
- Gitterdraht, 37 cm x 8 cm
- Aluplatte, matt, 25 cm x 50 cm, 0,5 mm stark
- Serviettenkleber
- Aludraht in Silber, ø 2 mm, 1,2 m lang
- Lampenfassung E14 mit Winkel für Wandbefestigung
- Metallbohrer, ø 4 mm und 8 mm
- Steinbohrer, ø ca. 5 mm
- Befestigungsmaterial (Schrauben, Dübel, Winkelhaken mit Schlitz)
- Kabel mit Schnurschalter

TISCHLAMPE
- Windradfolie, 50 cm x 70 cm und 42 cm x 10 cm (Lampenschirm), 0,4 mm stark
- Strohseide in Rot, 50 cm x 70 cm
- Gitterdraht, 37 cm x 8 cm
- Serviettenkleber
- Aludraht in Silber, ø 2 mm, 1,2 lang
- 2 Holzherzen in Silber, 3 cm hoch
- Tischlampenständer mit Fassung in Silber, ø 15 cm, 20 cm hoch

VORLAGEN-BOGEN
1B+2B

Wandlampe

1 Die Folie nach Grundanleitung bekleben, ausschneiden und lochen. Den Gitterdraht zuschneiden.

2 Herz und Gitterdraht mit Bindetechnik A binden und die Enden zu Schnecken drehen.

3 Die Aluplatte nach Vorlage bohren, das Kabel durch das vorgesehene Loch ziehen, die Lampenfassung befestigen. Die gesamte Platte an der Wand befestigen. Die Winkelhaken eindrehen.

4 Das Herz mit dem Gitterdraht in die Winkelhaken einhängen.

Tipp: **Anstatt der Aluplatte kann man auch Windradfolie, 25 cm x 50 cm, mit blauer Strohseide bekleben und als Hintergrund verwenden.**

Tischlampe

1 Die Windradfolie bekleben, ausschneiden und lochen.

2 Den Gitterdraht nach Vorlagenbogen zuschneiden, den Draht mithilfe der Klemmen zwischen den Herzen positionieren und in Bindetechnik A aneinander fügen. Die Enden zu Schnecken drehen.

3 Die Folie für den Lampenschirm (42 cm x 10 cm) nach Vorlage zuschneiden; nach Vorlage „Tischlampe mit Perlenschmuck" auf Vorlagenbogen 1B dreimal lochen. Den Lampenschirm auf dem Ständer befestigen und an der Klebestelle mit Sekundenkleber fixieren. Das Herz mit etwas Sekundenkleber am Lampenschirm ankleben.

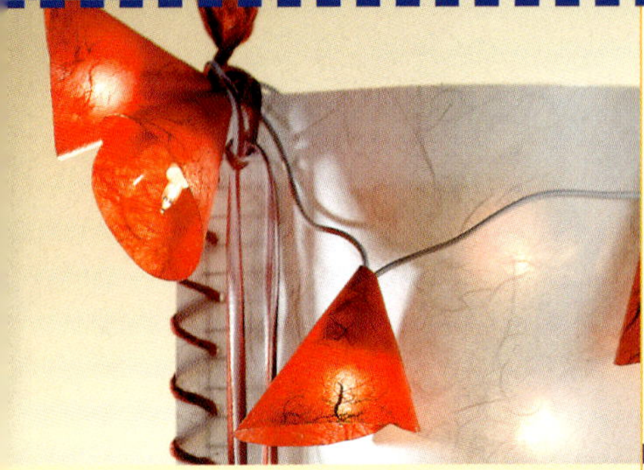

Festliche Hochzeitslampen

→ in Weiß-Rot

MOTIVHÖHEN
Tischlampe
50 cm

Lampe mit gezuckerten Herzen 37 cm

MATERIAL TISCHLAMPE

- Windradfolie, 50 cm x 70 cm, 0,4 mm stark (Lampe)
- Windradfolie, 30 cm x 25 cm, 0,2 mm stark (Lichterkette)
- Strohseide in Weiß 50 cm x 70 cm
- Strohseide in Rot, 30 cm x 25 cm
- Gitterdraht, 28 cm x 45 cm
- Sprühkleber
- Serviettenkleber
- 2 Holzperlen in Rot, ø 1,2 cm
- 2 Holzperlen in Weiß, ø 1 cm
- Satinbänder in Weiß und Rot, 3 mm breit, 1 m lang
- gedrehtes Papierband in Rot, 2,25 m lang
- 10er Lichterkette

VORLAGENBOGEN 3B

LAMPE MIT GEZUCKERTEN HERZEN

- Windradfolie, 45 cm x 17 cm, 0,4 mm stark
- Strohseide in Weiß, 45 cm x 17 cm
- Teelichtständer in Silber, ø 15 cm, 23 cm hoch
- Sprühkleber
- je 7 gezuckerte Dekoherzen in Weiß und Rot
- Satinbänder in Rot und Weiß, 3 mm breit, 60 cm lang

VORLAGENBOGEN 1B

Tischlampe

1 Die Folie bekleben, zwei Teile auf 50 cm x 35 cm zuschneiden. Eine Seite gemäß Bindetechnik A, die andere Seite nach Technik C zusammenbinden. Die Enden verknoten und das Papierband auseinanderziehen.

2 Vier Lampenschirmchen nach Grundanleitung auf Seite 5 herstellen und an den ersten vier Lämpchen der Lichterkette befestigen. Die anderen sechs Lämpchen der Lichterkette gleichmäßig in die Stehlampe einbauen.

3 Die Satinbänder um die Lichterkette binden und die Holzperlen unten anknoten.

Lampe mit gezuckerten Herzen

1 Die Windradfolie nach Maßangabe ausschneiden, die Strohseide mit Sprühkleber aufkleben und lochen (Lochvorlage „Tischlampe mit Perlenschmuck"). Den Lampenschirm am Teelichtständer befestigen und mit Sekundenkleber zusammenkleben.

2 Die gezuckerten Herzen mit Heißkleber am Lampenschirm befestigen. Die beiden Satinbänder locker um den Lampenschirm binden.

Lampe und Lichterkette mit Federn

→ für das Kinderzimmer

MOTIVHÖHE
Lampe 25 cm

MATERIAL LAMPE
- Windradfolie, 25 cm x 50 cm, 0,4 mm stark
- Strohseide in Gelb, 50 cm x 25 cm
- Servietten-kleber
- Gitterdraht, 20 cm x 20 cm
- Holzperlen, 4 x Gelb, 3 x Rot, 3 x Grün, 2 x Blau, ø 1 cm
- Satinbänder in Grün und Blau, 3 mm breit, 40 cm lang
- Satinband in Rot, 3 mm breit, 1 m lang
- Feder in Schwarz
- 10er Lichter-kette

BUNTE LICHTERKETTE
- Windradfolie, 50 cm x 40 cm, 0,2 mm stark
- Strohseide in Rot, Gelb, Blau und Grün, insg. 10 x ø 14 cm
- Servietten-kleber
- Holzperlen in Rot, Gelb, Blau und Grün in verschiedenen Größen
- Satinbänder in Rot, Blau und Grün, 3 mm breit, 2,5 m lang
- 4 Federn in Schwarz
- 10er Lichter-kette

VORLAGENBOGEN 3B

Lampe

1 Die Folie bekleben und in zwei 25 cm x 25 cm große Teile schneiden. Nach Grundanleitung fertigstellen.

2 Eine grüne Perle auf das rote Satinband auffädeln und in Bindetechnik C zusammenbinden.

3 Die Bänder in verschiedene Längen schneiden und an die Lampe binden. Die Perlen an die Bänder knoten und die Feder durch den Knoten stecken.

4 Die Lichterkette in den Gitterdraht einbauen.

Bunte Lichterkette

1 Mit der Schablone 2 x 2 und 2 x 3 Lampenschirmchen anfertigen und an der Lichterkette befestigen.

2 Vier Lämpchen zusammenbinden und die restliche Schnur der Lichterkette zusammendrehen, sodass nur eine Schnur nach unten hängt.

3 Ein Satinband um die vier zusammengebundenen Lämpchen binden. Die verschiedenen Holzperlen auf die Bänder fädeln und verteilen, alle Bänder um das Kabel wickeln. Die Federn in die Perlen stecken und evtl. mit Sekundenkleber fixieren.

Tipp: **Für die Lichterkette reichen Folien- und Strohseidenreste à ø 14 cm**

Zauberhaftes Orange

→ für eine warme Stimmung

MOTIVHÖHE
Stehlampe 70 cm

MATERIAL STEHLAMPE

- 2 Windradfolien, 70 cm x 35 cm, 0,4 mm stark
- Strohseide in Orange, 2 x 35 cm x 70 cm
- Gitterdraht, 30 cm x 65 cm
- Serviettenkleber
- Fransenkordel in Gelb, ø 2 mm, 3,5 m lang
- 2 Quasten in Gelb, 5 cm lang
- 10er Lichterkette

LICHTERKETTE

- 2 Windradfolien, 40 cm x 50 cm, 0,2 mm stark
- Strohseide in Orange, 10 x 12 cm x 20 cm
- Strohseide in Gelb, 10 x ø 14 cm
- Serviettenkleber
- Ast, ca. 1 m lang
- 20er Lichterkette
- Organzaband in Gelb, 4 cm breit, 1,2 m lang
- Fransenkordel in Gelb, ø 2 mm, 1,2 m lang

VORLAGENBOGEN 3B

Stehlampe

1 Die beiden Folien bekleben und fertigstellen.

2 Die Seiten nach Bindetechnik A zusammenfügen.

3 Die restliche Fransenkordel durch die oberste Schlaufe ziehen, mittig festknoten und die beiden Quasten an den Enden befestigen.

4 Die Lichterkette in den Gitterdraht einbauen.

Lichterkette

1 Je eine Windradfolie mit gelber und eine mit orangefarbener Strohseide bekleben.

2 Von jeder Farbe zehn Lampenschirmchen anfertigen, die Lampen in Orange haben einen gewellten Rand (siehe Vorlage). Die Schirmchen im Wechsel an der Lichterkette befestigen.

3 An einem Ast dekorieren.

4 Fransenkordel und Organzaband zu einer Schleife binden und mit Heißkleber am Ast befestigen.

Österliche Lampen

→ in frischen Farben

MOTIVHÖHEN

Osterei-Lampe 35 cm

Grüne Lampe mit Karotten 25 cm

MATERIAL OSTEREI-LAMPE

- Windradfolie, 50 cm x 70 cm, 0,4 mm stark
- Strohseide in Gelb, 50 cm x 70 cm
- Serviettenkleber
- Kordel in Orange, ø 4 mm, 1,3 m lang
- 3 Acrylblumen in Orange, ø 3,5 cm
- 4 Acrylblumen in Orange, ø 2 cm
- Rocailles in Maigrün, ø 0,5 mm
- Silberdraht, ø 0,3 mm
- Gitterdraht, ca. 25 cm x 12 cm
- 2 Federn in Grün
- 10er Lichterkette

VORLAGENBOGEN 3A

GRÜNE LAMPE MIT KAROTTEN

- Windradfolie, 25 cm x 50 cm, 0,4 mm stark
- Strohseide in Grün, 25 cm x 50 cm
- Gitterdraht, 20 cm x 20 cm
- Serviettenkleber
- gedrehter Papierdraht in Gelb, 60 cm lang
- Blütenband in Orange-Gelb, 2,5 mm breit, 25 cm lang
- 2 Dekokarotten, 8 cm lang
- Federn in Weiß
- 10er Lichterkette

Osterei-Lampe

1 Die Folie mit Strohseide bekleben. Mithilfe der Schablone ausschneiden und lochen.

2 Den Gitterdraht nach Vorlage schneiden, zwischen die Folie legen und wie in der Grundanleitung beschrieben mit Bindetechnik A zusammenbinden.

3 Die restliche Kordel in der Mitte verknoten.

4 5 Rocailles, 1 kleine Acrylblume, 5 Rocailles, 1 große Acrylblume usw. auf den dünnen Draht fädeln und mit 5 Rocailles abschließen. Die Enden des Drahtes am Rand durch ein Loch ziehen und verknoten, sodass die Kette locker hängt.

5 Die beiden Federn an die Kordel knoten.

Tipp: **Eine Variante dieser Lampe sehen Sie auf Seite 1. Nehmen Sie dazu Naturpapier mit Einsprengseln, ein 4 cm breites und 1,2 m langes Chiffonband, hellgrünen Papierdraht sowie Blumen und Rocailles nach Abbildung.**

Grüne Lampe mit Karotten

1 Die Folie auf das Maß 25 cm x 50 cm zuschneiden und bekleben.

2 Die Folie in zwei gleiche Teile, 25 cm x 25 cm, schneiden und nach Grundanleitung fertigstellen. Mit der Papierkordel in Bindetechnik C binden.

3 Die Enden der gedrehten Papierkordel auseinander ziehen.

4 Das Blütenband und die Karotten mit Heißkleber fixieren und die Feder in eine Schlaufe stecken.

5 Die Lichterkette einbauen.

Sommerliche Lampen

→ blumig oder maritim

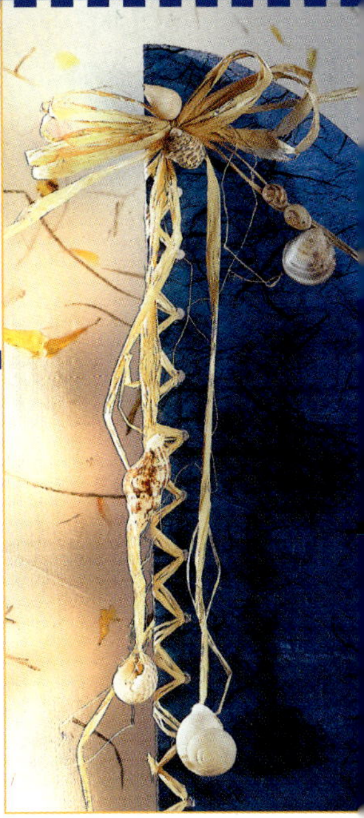

MOTIVHÖHEN

Lampe aus Blütenpapier 50 cm

Maritime Lampe 35 cm

MATERIAL

LAMPE AUS BLÜTENPAPIER

- Windradfolie, 50 cm x 70 cm, 0,4 mm stark
- Naturpapier in Weiß mit Blüten, 50 cm x 70 cm
- Gitterdraht, 30 cm x 45 cm
- Sprühkleber
- Kordel in Gelb, ø 2 mm, 1,8 m lang
- Organzaband in Gelb, 4 cm breit, 1 m lang
- Fransenkordel in Gelb, ø 2 mm, 80 cm lang
- 2 Holzscheiben in Gelb mit Bohrung, ø 1,5 cm
- 10er Lichterkette

MARITIME LAMPE

- 2 Windradfolien, 35 cm x 25 cm, 0,4 mm stark
- Strohseide in Blau, 50 cm x 35 cm
- Serviettenkleber
- Gitterdraht, 22 cm x 25 cm
- Bast, ø 1,5 mm, 2,5 m lang
- Muscheln
- 10er Lichterkette

VORLAGENBOGEN 2A

Lampe aus Blütenpapier

1 Die Folie laut Grundanleitung bekleben und auf das Maß 35 cm x 50 cm teilen.

2 Eine Holzscheibe auf die Kordel auffädeln und damit in Bindetechnik A binden. Dabei auf einer Seite von oben, auf der anderen Seite von unten anfangen, zu binden.

3 Mit dem Organzaband und der Fransenkordel eine Schleife binden und an der Lampe befestigen.

4 Die Lichterkette in den Gitterdraht einbauen.

Maritime Lampe

1 Die Folie nach Grundanleitung bekleben. Die Seiten nach Vorlage ausschneiden und fertigstellen.

2 Mit dem Bast in Bindetechnik B binden, an einer Ecke eine Schleife binden. Nach Abbildung verzieren, dabei die Muscheln mit Heißkleber festkleben.

3 Die Lichterkette in den Gitterdraht einbauen.

Sonnenblumen-zeit

→ in kräftigem Rot

MOTIV-HÖHEN
Deckenlampe 25 cm

Stehlampe 35 cm

MATERIAL DECKEN-LAMPE

- Windradfolie, 0,4 mm stark, 55 cm x 35 cm
- Strohseide in Dunkelrot, 55 cm x 35 cm
- Serviettenkleber
- Kordel in Dunkelrot, ø 3 mm, 1,5 m lang
- Aludraht in Silber, ø 2 mm, 50 cm lang
- Mini-Efeugirlande, ca. 80 cm lang
- 3 Sonnenblumen, ø 10 cm
- 5 Sonnenblumen, ø 3,5 cm
- Leuchtenpendel in Schwarz mit Fassung E27/E14

STEHLAMPE

- Windradfolie, 50 cm x 35 cm, 0,4 mm stark
- Strohseide in Dunkelrot, 50 cm x 35 cm
- Gitterdraht, 22 cm x 25 cm
- Serviettenkleber
- Organzaband in Dunkelrot, 2,5 cm breit, 50 cm lang
- Kordel in Dunkelrot, ø 3 mm, 50 cm lang
- Aludraht in Silber, ø 2 mm, 1,5 m lang
- Mini-Efeugirlande, 40 cm lang
- je 1 Sonnenblume, ø 3,5 cm und ø 10 cm
- Silberdraht, ø 0,3 cm
- 10er Lichterkette

VORLAGEN-BOGEN 3B

Deckenlampe

1 Die Windradfolie mit Strohseide bekleben. Die Lampe ausschneiden und nach Vorlage lochen, an der Klebestelle mit Sekundenkleber fixieren.

2 Die Kordel durch die Löcher ziehen und am Ende verknoten.

3 Den Aludraht zu einer Schnecke drehen, das gerade Ende durch ein Loch der Lampe fädeln und dieses Ende ebenfalls zu einer Schnecke drehen und nach unten biegen. Dies an einer anderen Stelle mit einem kleinen Stück Draht wiederholen, siehe Abbildung.

4 Den Lampenschirm am Leuchtenpendel befestigen.

5 Die Efeugirlande um den Lampenschirm wickeln und mit etwas Heißkleber fixieren. Die Sonnenblumen auf den Klebestellen und nach Geschmack anbringen.

Stehlampe

1 Die Folie bekleben. Mit Hilfe der Schablone ausschneiden.

2 Mit Bindetechnik A binden und die Enden zu Schnecken drehen. Die Efeugirlande locker durch den Draht ziehen.

3 Aus dem Organzaband und der Kordel eine Schlaufe machen, mit dem dünnen Draht zusammenbinden und mit Heißkleber an der Lampe befestigen. Die Sonnenblumen ebenfalls mit Heißkleber fixieren.

4 Die Lichterkette in den Gitterdraht einbauen.

Tipp: **Diese Lampen sehen auch in Blau toll aus.**

Glitzernd blaue Lampe

→ mit zarten Blättern

1 Die Folie bekleben, ausschneiden und mit dem Aludraht in Bindetechnik C binden. Jeweils ein Ende zu einer Schnecke und das andere zu einer Spirale drehen.

2 Die beiden Blätter mit Sekundenkleber mittig aufkleben.

3 Die Lichterkette in den Gitterdraht einbauen.

MOTIV-HÖHE
30 cm

MATERIAL
- Windradfolie, 35 cm x 50 cm, 0,4 mm stark
- Vliesband in Blau-Glitter, 25 cm x 70 cm
- Gitterdraht, 21 cm x 20 cm
- Sprühkleber
- Aludraht in Silber, ø 2 mm, 1 m lang
- 2 Skelettonblätter in Hellblau
- 10er Lichterkette

VORLAGEN-BOGEN 4B

Lampe mit Herbstlaub

→ in Serviettentechnik

MOTIVHÖHE
25 cm

MATERIAL
- Windradfolie, 50 cm x 70 cm, 0,4 mm stark
- Strohseide in Hellgelb und Hellbraun, je 25 cm x 50 cm
- Gitterdraht, 32 cm x 15 cm
- Serviettenkleber
- Bast in Gelb
- Serviette mit Herbstblättern
- Motivstanzer: Blatt
- Tonkartonreste in Grün, Gelb, Orange, Braun und Dunkelrot
- 10er Lichterkette

1 Die Windradfolie auf zweimal 25 cm x 50 cm zurechtschneiden. Eine Folie mit gelber und eine Folie mit brauner Strohseide bekleben und trocknen lassen. Die Folien teilen (25 cm x 25 cm).

2 Die Lampenteile nach Anleitung auf Seite 3 in Serviettentechnik bekleben und trocknen lassen.

3 Bei dieser Lampe wird das Gitter diagonal eingebaut. Deshalb werden hier zuerst alle Teile gelocht. Darauf achten, dass die richtigen Teile aufeinander liegen. Gelb – Braun – Gelb – Braun, sodass die Löcher später aufeinander passen.

4 Je eine Seite (gelb / braun) mit den Innenseiten aufeinander legen, das Drahtgitter dazwischen legen und alles mit Bindetechnik A zusammenbinden. Auf der anderen Seite ebenso vorgehen und beide Seiten verbinden.

5 Die Blätter mit dem Motivstanzer aus Tonkarton ausstanzen und mit Heißkleber am Bast fixieren. Die Lichterkette in den Gitterdraht einbauen.

Tipp: Schneiden Sie eine Lochhilfe aus Drahtgitter (25 cm x 10 cm) zu und legen Sie diese beim Lochen zwischen die Teile!

Weihnachtliches Licht

→ für eine festliche Atmosphäre

MOTIV-HÖHE
Stern 37 cm

MATERIAL STERN
- Windradfolie, 50 cm x 70 cm, 0,4 mm stark
- Strohseide in Gold, 50 cm x 35 cm
- Strohseide in Rot mit Sternen, 50 cm x 35 cm
- Gitterdraht, 28 cm x 8 cm
- Servietten-kleber
- 2 Fransen-kordeln in Gold, ø 2 mm, 50 cm lang
- 2 Satinbänder in Rot, 3 mm breit, 70 cm lang
- Lampenfassung E14 mit Winkel für Wandbefestigung

VORLAGEN-BOGEN 4A

LICHTER-KETTE
- Windradfolie, 0,2 mm stark, 40 cm x 50 cm oder Reste
- Strohseide in Rot, Grün und Strohseide Gold, insg. 10 x ø 14 cm
- Servietten-kleber
- Glitterstifte in Rot, Grün und Gold
- Karoband, 1 cm breit, 1,5 m lang
- dünner Gold-draht, ø 0,3 mm
- 10er Lichter-kette

VORLAGEN-BOGEN 3B

Stern

1 Die Folie in zwei 50 cm x 35 cm große Stücke teilen.

2 Eine Folie mit goldener Strohseide und eine mit roter Strohseide mit goldenen Sternen bekleben.

3 Die Sterne ausschneiden. Einen 33 cm breiten und 12 cm hohen Streifen aus der golden beklebten Folie schneiden.

4 Den Gitterdraht schneiden, den goldenen Streifen nach Vorlage lochen und mit dem Satinband in Bindetechnik C binden. Dabei oben und unten ca. 20 cm hängen lassen.

5 Die Goldkordel anknoten. Die Sterne mit Heißkleber mittig auf dem Streifen fixieren.

6 Eine Lampenfassung an der Wand befestigen, zwei Winkelhaken eindrehen und die Sternlampe darin einhängen.

Lichterkette

1 Es werden pro Farbe drei Schirmchen benötigt und von einer Farbe vier. Die Lampenschirmchen anfertigen und trocknen lassen. Den unteren Rand mit den Glitterstiften anmalen und nochmals trocknen lassen.

2 Die Schirmchen an der Lichterkette befestigen, dabei mit der Farbe anfangen, von der vier Schirmchen da sind.

3 Vom Karoband zehn 15 cm lange Stücke abschneiden und zu Schleifen binden. Die Schleifen mit Heißkleber an die Schirmchen ankleben.

MOTIVHÖHE
44 cm

MATERIAL
- Windradfolie, 50 cm x 70 cm, 0,4 mm stark
- Strohseide in Weiß mit Goldfäden, 50 cm x 70 cm
- Gitterdraht, 24 cm x 34 cm
- Sprühkleber
- Organzaband in Weiß, 4 cm breit, 70 cm lang
- Fransenkordel in Gold, ø 2 mm, 70 cm lang
- Golddraht, ø 0,3 mm
- 4 Wachsperlen in Weiß, ø 1 cm
- ummantelter Aludraht in Gold, ø 1,5 mm, 1,2 m lang
- 10er Lichterkette

VORLAGEN-BOGEN 1A

Lampe in Weiß und Gold

→ festlich

1 Die Folie bekleben, ausschneiden und in Bindetechnik C binden. Die Enden zu Schnecken drehen.

2 Die Perlen auf Golddraht fädeln und in ca. 10 cm Abstand festdrehen. Die Zwischenräume zu Spiralen drehen.

3 Band, Kordel und den Golddraht mit den Perlen zusammenbinden und an der Lampe befestigen. Die Lichterkette in den Gitterdraht einbauen.

DIESES BUCH ENTHÄLT 4 VORLAGENBOGEN

IMPRESSUM

Ich danke meinem Mann Claudio für seine Tipps und Ratschläge.

FOTOS: frechverlag GmbH, 70499 Stuttgart; Fotostudio Ullrich & Co., Renningen
DRUCK: frechdruck GmbH, 70499 Stuttgart

Auflage: 5. 4. 3. 2. 1.
Jahr: 2008 2007 2006 2005 2004 [Letzte Zahlen maßgebend]

ISBN 3-7724-3286-7
Best.-Nr. 3286